MÉMOIRE

SUR LA

RECONSTRUCTION DU PONT D'ANDÉ

SUR LA SEINE

PAR

M. René BONNIN

INGÉNIEUR CIVIL, AGENT VOYER EN CHEF DE L'EURE

EXTRAIT des Mémoires de la Société des Ingénieurs civils.

PARIS

DUNOD, SUCCESSEUR DE VICTOR DALMONT,

Précédemment Garilian-Cœury et Vᵒʳ Dalmont,

LIBRAIRE DES CORPS DES PONTS ET CHAUSSÉES ET DES MINES,

QUAI DES AUGUSTINS, Nᵒ 49

MÉMOIRE

RECONSTRUCTION DU PONT D'ANDÉ

SUR LA SEINE

MÉMOIRE

SUR LA

RECONSTRUCTION DU PONT D'ANDÉ

SUR LA SEINE

PAR

M. René BONNIN

INGÉNIEUR CIVIL, AGENT VOYER EN CHEF DE L'EURE

EXTRAIT des Mémoires de la Société des Ingénieurs civils.

PARIS

DUNOD, SUCCESSEUR DE VICTOR DALMONT,

Précédemment Garilian-Cœury et V^{or} Dalmont,

LIBRAIRE DES CORPS DES PONTS ET CHAUSSÉES ET DES MINES,

QUAI DES AUGUSTINS, N° 49

—

1875

MÉMOIRE

SUR LA

RECONSTRUCTION DU PONT D'ANDÉ

SUR LA SEINE

PAR M. **RENÉ BONNIN**.

EXPOSE

Les ponts d'Andé, sur la Seine, ont été livrés à la circulation le 29 décembre 1861.

Ils servent de passage au chemin de grande communication n° 11, de Louviers à Ménesqueville, et relient les communes d'Andé et de Saint-Pierre-du-Vauvray, situées, la première sur la rive droite, la seconde sur la rive gauche.

Ces deux ponts sont séparés par une île de cent mètres environ de longueur.

L'un de ces ponts, celui de Saint-Pierre, se compose de trois arches métalliques et est jeté sur le bras gauche, réservé à la navigation.

Le pont d'Andé se compose de quatre arches, et est situé sur le bras droit. (Pl. A, fig. 1.)

A l'approche de l'armée allemande, le 6 décembre 1870, l'autorité militaire française, afin d'intercepter le passage de la rive droite de la Seine sur la rive gauche, fit sauter le pont de quatre arches.

Décision du Conseil général pour la reconstruction du pont. — Dans une délibération en date du 31 octobre 1871, le conseil général décida la reconstruction du pont d'Andé, dans le système de M. Georges Martin, ingénieur-constructeur à Paris; mais ce travail fut retardé par la question de savoir si le pont à reconstruire servirait en même temps au passage de la route et du chemin de fer d'intérêt local de Saint-Pierre aux Andelys.

Établissement d'une passerelle provisoire. — Aussi, dans une délibération en date du 20 février 1872, la commission départementale décida-t-elle la construction d'une passerelle provisoire en bois, qui fut livrée à la circulation le 19 juin suivant. (Voir ma notice sur la construction d'une passerelle provisoire en bois, sur la Seine, à Andé.)

La question du passage du chemin de fer résolue négativement, on s'occupa de suite de la reconstruction du pont ; et, conformément au vœu du conseil général, un marché fut passé avec la maison G. Martin, le 9 juin 1873.

État du pont au commencement des travaux. — Les travaux ont commencé le 8 septembre suivant.

A cette époque, il ne restait de l'ancien pont que les culées, dont quelques parties seulement étaient endommagées, et deux piles, qui, lors de la chute des arcs, avaient pris une inclinaison assez prononcée vers Andé. La troisième pile, celle qui avait été minée, était entièrement détruite, et il ne restait au-dessus de l'eau qu'une assise complétement disloquée et couverte de débris de toute sorte.

Toute la partie métallique s'était effondrée dans la Seine. Elle en fut retirée, ainsi que les pierres de la troisième pile, dans le courant de l'année 1872.

Description générale du pont à reconstruire. — Le Conseil général ayant décidé que le pont serait reconstruit avec ses dimensions primitives et suivant le même principe, c'est-à-dire avec arcs métalliques en fonte, on devait démolir les maçonneries des piles restant encore debout, visiter les fondations de ces piles, s'assurer de leur état d'entretien et reconstruire ensuite, en se servant de tous les matériaux provenant des démolitions et qui pourraient être réemployés. Quant aux travées, elles devaient être en fonte avec chaussée supportée par des voûtes en briques reposant sur des poutrelles en fer ; ces travées devaient conserver la même disposition générale que celles du pont primitif, et on ne devait y apporter que les quelques modifications de détails indiquées par l'expérience acquise pendant les treize années qui se sont écoulées depuis la construction du premier pont.

La chaussée est réglée à la cote $15^m,85$ (nivellement général de la Seine) et est parfaitement de niveau sur toute la longueur du pont; elle a une largeur totale de $5^m,35$, et est limitée de chaque côté par un trottoir de $1^m,325$ de largeur : ce qui donne une largeur totale du pont entre parapets de 8 mètres.

Nous observerons dans la description des différentes opérations la même marche que celle qui a été suivie pendant les travaux : nous commencerons par indiquer les moyens employés pour la démolition au-dessus et au-dessous de l'eau, le système suivi pour la reconstruction des piles; nous ferons ensuite une description exacte de toutes les parties qui composent l'œuvre, et nous donnerons enfin les calculs qui ont servi à l'établissement du projet et le résultat des épreuves; ces dernières ont été faites avec un soin tout particulier, et ont permis d'arriver à des résultats réellement intéressants.

La Seine, à l'endroit où le pont est établi, a une largeur d'environ 130 mètres au niveau des eaux ordinaires, c'est-à-dire à la cote $7^m,44$; la profondeur moyenne d'eau est d'environ cinq mètres; le lit du fleuve, assez solide, est cependant recouvert d'une couche de sable et de gravier mélangés, qu'il fallait traverser avant d'atteindre une base assez résistante pour y appuyer les piles. Les plus basses eaux, qui correspondent au niveau de la retenue de Poses, atteignent la cote de $6^m,67$, et les plus hautes eaux, celles de la crue de novembre 1872, ont atteint la cote de $11^m,70$, c'est-à-dire, à quelques centimètres près, la hauteur des naissances des arcs en fonte : ce qui donne une variation maxima de niveau de $5^m,03$. La partie supérieure des caissons qui entourent les piles a été réglée à la cote $6^m,39$, c'est-à-dire à $0^m,28$ au-dessous du plan d'eau de la retenue de Poses.

CHAPITRE PREMIER

Démolition.

§ 1er. — Démolition au-dessus de l'eau.

Pile n° 3. — La démolition jusqu'au niveau de l'eau de ce qui subsistait de cette pile s'est effectuée du 8 au 11 septembre.

La plupart des pierres avaient été brisées par l'explosion de la mine; elles ont été transportées sur le chantier au moyen d'un bac et mises en dépôt pour servir au remplissage des piles.

Pile n° 2. — La démolition de la pile n° 2, qui subsistait tout entière, a été commencée le 12 septembre. Elle fut interrompue du 15 au 22 par la construction d'une chèvre destinée à enlever les parapets et les pierres de gros appareil, qui forment les faces, les avant et arrière-becs des piles.

Cette chèvre (pl. B, fig. 11) se compose de deux parties: 1° d'un bateau de 20 mètres de longueur sur 5 mètres de largeur; 2° de deux montants de 12^m,20 de hauteur et de $\frac{38}{18}$ d'équarrissage, fixés à l'avant du bateau au moyen d'une pièce transversale de $\frac{30}{30}$ disposée au fond. Ces montants sont inclinés de façon à ce que, l'avant touchant à la pile, leur sommet surplombe le parapet.

Ils sont maintenus par des haubans de 25 mètres de longueur et de $\frac{38}{18}$ d'équarrissage, boulonnés à l'extrémité supérieure des montants, et, à l'arrière du bateau, sur une pièce de bois transversale de $\frac{22}{22}$ fixée aux carlingues.

Les quatre pièces principales sont reliées par deux contre-fiches de 9 mètres de longueur et de $\frac{30}{15}$ d'équarrissage, retenues à leur partie in-

férieure par une pièce transversale fixée sur le bordage, et sont bou-
lonnées aux montants et aux haubans.

La démolition, reprise le 22 septembre, a été achevée le 12 octobre
jusqu'au niveau de l'eau, au moyen de l'appareil que nous venons de
décrire.

Les pierres de taille, dont les mortiers avaient été minés au ciseau,
étaient enlevées à la louve au moyen d'une élingue passant sur un palan
et enroulée sur un treuil installé sur le bateau.

Les moëllons piqués et de remplissage étaient descellés avec des pinces,
et enlevés dans des caisses par le même procédé.

Les matériaux ainsi extraits étaient déposés dans un bac et transpor-
tés au chantier, où l'entrepreneur devait les ranger par assises, afin de les
reprendre lors de la reconstruction et de les replacer à l'endroit qu'elles
occupaient primitivement. Les pierres, dont les épaufrures étaient trop
considérables, ne devaient pas être réemployées.

Les moëllons de remplissage furent emmétrés par pile.

Pile n° 1. — Le 26 septembre on commença la démolition de la pile
n° 1. Cette opération s'effectua comme pour la pile n° 2, et le 17 octobre elle était achevée jusqu'au niveau de l'eau.

Les seules pierres d'appareil endommagées dans les piles étaient les
pierres de retombées des arcs et les parties droites du cordon.

§ 2. - Démolition au-dessous de l'eau.

Pendant la démolition des piles jusqu'au niveau de l'eau, on s'aperçut
que les fissures des parements se continuaient à l'intérieur et dans les
assises au-dessous de l'eau. Il était donc nécessaire de démolir ces
assises et de reconnaître si les fondations elles-mêmes n'avaient pas
souffert.

Nous allons donc, avant d'entrer dans les détails, indiquer d'abord le
système suivi dans les fondations des piles du pont primitif, et ensuite
les dispositions générales prises pour en vérifier avec soin l'état actuel,
au moment de la reconstruction.

Description du système de fondation primitif. — Le pont d'Andé rentre dans la catégorie des ponts fondés sur terrains incompressibles, mais affouillables (pl. A, fig. 1 et 2) ; il est fondé sur pilotis de 0,30 ×0,30 d'équarrissage, reliés à leur partie supérieure par un grillage formé des pièces de chêne de 0,30 × 0,30, et le tout est recouvert d'un plancher également en chêne de 0,22×0,11. Ce plancher, réglé à la cote moyenne de 5^m,38 (nivellement général de la Seine), sert à supporter la maçonnerie des piles, et le système général de pilotis est relié par une masse compacte d'enrochements s'élevant, depuis le lit de la Seine, jusqu'à une hauteur de 0^m,90 en contre-bas du plancher ; sur ces blocs d'enrochement, et entourant le système général des pieux, repose un caisson étanche sans fond, de 2^m,71 de hauteur et à fruit de 0^m,05 par mètre. Ce caisson, qui, dans le travail primitif, a été recépé à la cote 6^m,39, n'a plus qu'une hauteur totale de 2^m,71 ; il avait pendant les travaux de construction du premier pont une hauteur de 5 mètres et servait de batardeau, à l'intérieur duquel on a pu couler le béton au-dessous du grillage jusqu'au niveau supérieur de l'enrochement et faire ensuite les épuisements nécessaires pour la construction du socle de la pile.

Le caisson recépé, on a entouré le tout de nouveaux enrochements, afin de garantir la pile contre tout danger, dans le cas de crues ou de débâcles de glaces. Nous devons ajouter que les pilotis forment, dans le sens transversal du pont, onze files espacées de 1^m,235 d'axe en axe, dans le sens longitudinal, et cinq files espacées de 0^m,90.

Dispositions générales admises pour la démolition et la reconstruction au-dessous de l'eau. — Le niveau du grillage se trouvant à la cote 5^m,38 et les eaux ordinaires de la Seine étant en moyenne à la cote 7^m,44, hauteur qu'elles ont, du reste, conservée pendant l'hiver 1873-74, il fallait donc, dans l'état ordinaire des eaux, pour atteindre et vérifier le grillage, épuiser à une profondeur d'environ 2 mètres au-dessous des eaux ordinaires ; il y avait de plus à craindre une crue, les travaux devant se faire pendant l'hiver 1873-1874 ; enfin il fallait employer un système tel, que pendant les épuisements on n'eût pas à redouter les infiltrations des eaux de la Seine à travers l'enrochement, infiltrations qui auraient pu traverser le béton sur lequel repose le plancher, ou passer entre les madriers du caisson.

Après de nombreuses études comparatives et un mûr examen, on a cru devoir s'arrêter au système général suivant :

La pile et le caisson primitif (pl. A, fig. 1 et 2) ont été entourés d'une enceinte, formée de pieux et palplanches en sapin enfoncés dans le lit de la Seine. L'espace laissé libre entre ce caisson et le massif ancien, préalablement dragué sur toute sa base, a été rempli de béton arrasé à la cote $6^m,39$, c'est-à-dire au niveau de recépage du caisson primitif : c'est ce massif de béton qui devait empêcher l'infiltration des eaux en dessous du grillage.

A la partie supérieure de cette enceinte en béton on a établi un batardeau provisoire, formé à l'extérieur par la nouvelle enceinte générale de la pile et à l'intérieur par un caisson reposant sur le béton et arrasé, comme le caisson extérieur, à la cote $8^m,69$, c'est-à-dire à $1^m,25$ au-dessus des eaux ordinaires. L'espace laissé libre entre ces deux caissons devait être rempli de terre bien pilonnée.

Les travaux étant terminés et les maçonneries de la pile sorties de l'eau, ce dernier batardeau temporaire devait disparaître et tout le massif général servant de base à la pile devait être arrasé à la cote définitive de $6^m,39$, c'est-à-dire au niveau de la partie supérieure du béton.

Ce système de fondation, qui remplissait parfaitement toutes les conditions dont nous avons parlé en commençant, aurait eu cependant l'inconvénient d'être submergé dans le cas d'une crue, comme celle de 1872, qui, le 18 décembre de cette même année, avait atteint la cote $11^m,70$, c'est-à-dire $5^m,32$ au-dessus du plancher des piles : c'était son seul inconvénient, puisqu'on avait l'intention de poursuivre les travaux pendant l'hiver ; mais il est bien rare que des crues aussi exceptionnelles se reproduisent deux années de suite, et les dépenses exigées par un pareil batardeau auraient été au-dessus de tous les bénéfices qu'on aurait pu en attendre : on consentait donc à l'interruption des travaux, dans le cas où une crue aurait dépassé la hauteur de $8^m,50$.

On n'a heureusement pas eu cet inconvénient, puisque l'hiver 73-74 a été on ne peut plus favorable, les eaux s'étant toujours maintenues à une hauteur moyenne de $7^m,44$, et la température ayant toujours été très-douce.

Maintenant que nous avons donné la description générale du système suivi pour la démolition et la reconstruction des piles au-dessous du niveau des eaux, nous allons reprendre le travail en détail, en expliquant les différentes phases des opérations.

Dragage de l'enrochement des piles. — Pour permettre le fonçage des pieux et des palplanches de l'enceinte extérieure du nouveau batardeau, il a fallu draguer les enrochements des piles jusqu'à une distance de $1^m,50$ de la moise supérieure des anciens caissons.

Ce travail a été effectué du 20 octobre au 13 novembre, au moyen d'une drague à vapeur à une seule élinde, appartenant à MM. Canappeville et Denuelle, entrepreneurs à Paris.

Armature de la passerelle. — Sur les côtés et à l'aval des piles, les dragages furent faciles à exécuter; mais l'opération fut contrariée à l'amont par le voisinage de la passerelle, située à peu de distance du pont ($12^m,10$ d'axe en axe).

En effet, en face de chaque pile correspondait une travée, dont on dut enlever les contre-fiches et les moises, pour permettre l'approche de la drague.

Pour éviter les accidents qui auraient pu résulter de la suppression momentanée des contre-fiches, on a renforcé chaque longrine au moyen d'une armature en fer (pl. B, fig. 9).

Cette armature se compose pour une longrine de deux tiges horizontales de 3 mètres de longueur sur $\frac{60}{20}$ articulées, à chacune de leurs extrémités, avec deux tirants de $2^m,37$ boulonnés sur la longrine près des poteaux de la passerelle. Le boulon qui forme, à chaque extrémité des tiges horizontales, l'articulation avec les tirants, a $0^m,40$ de longueur et traverse un poinçon en bois de sapin de $0^m,70$ de longueur sur $\frac{20}{30}$ d'équarrissage. La butée des poinçons sur la longrine est assurée par des cales fortement serrées.

Enceinte extérieure. Battage des pieux, palplanches. Pose des moises. — Les pieux et palplanches ont été battus avec une sonnette à déclic, installée sur un bateau et mue par une machine à vapeur avec treuil d'embrayage. Le mouton était du poids de 500 kilogrammes et on enfonçait neuf pieux par journée de 10 heures et 25 palplanches (pl. B, fig. 10).

Les dragages une fois terminés, on put commencer la construction des batardeaux autour des piles.

L'enceinte extérieure de ces batardeaux est (pl. A, fig. 1 et 2) formée par

une file de pieux de sapin, battus de chaque côté des piles à une distance de 4ᵐ,50 de leur axe longitudinal; et, à l'aval, à une distance de
9 mètres de l'axe transversal.

A l'amont, à cause du voisinage de la passerelle, on dut modifier la
disposition du batardeau : au lieu d'avoir la forme rectangulaire, comme
à l'aval, on lui donna la forme d'un demi-hexagone.

L'enceinte extérieure était formée par vingt-sept pieux, y compris deux
de la passerelle, de $\frac{32}{32}$ en moyenne d'équarrissage, et de palplanches
en sapin de $\frac{11}{30}$. Les pieux ont 10 mètres de longueur en moyenne avec
environ 3 mètres de fiche, et les palplanches 9 mètres de longueur et
2ᵐ,15 de fiche.

Les pieux, espacés de 2 mètres en moyenne, sont reliés par trois cours
de moises en sapin de $\frac{15}{30}$. Le dessus des moises inférieures, qui sont
simples, est à la cote 3ᵐ,34, c'est-à-dire à 8ᵐ,26 au dessous des retombées
des arcs; le dessus des moises intermédiaires, qui sont doubles, et qui
après le recépage des batardeaux doivent servir de moises supérieures,
est à 3ᵐ,05 au-dessus des premières, c'est-à-dire à la cote 6ᵐ,39.

Enfin le dessus des moises supérieures, doubles également, est à 2ᵐ,25
au-dessus du niveau atteint par l'eau pendant le travail, c'est-à-dire à la
cote 8ᵐ,64.

Les enceintes extérieures des trois piles, commencées le 18 novembre,
étaient terminées le 3 décembre pour la pile nᵒ 3, le 30 pour la pile nᵒ 2,
et le 11 janvier 1874 pour la pile nᵒ 1.

Enrochements. — Aussitôt l'enceinte extérieure de chaque pile terminée, on a immergé de l'enrochement jusqu'au niveau des moises intermédiaires.

Dimensions approximatives des moëllons. — Les moëllons immergés
avaient en moyenne 0ᵐ,30 de côté et cubaient 0ᵐᶜ,027.

Béton. — Pendant que l'on immergeait l'enrochement autour de l'enceinte, on coulait le béton dans l'intérieur.

Ce béton était composé de 0ᵐ,85 de caillou, de 0ᵐ,06 et de 0ᵐ,50 de mortier de chaux hydraulique de Bougival, additionné de ciment de Boulogne.

La chaux de Bougival, employée dans la fabrication des mortiers à béton, a été essayée avec soin avant son emploi, et a donné d'aussi bons résultats que celle de Senonches soumise aux mêmes épreuves.

Le mortier est lui-même formé de 1 mètre de sable, $0^m,50$ de chaux, et $0^m,10$ de ciment pesant 120 kilogrammes.

Le béton, a été coulé dans les trois piles jusqu'à $2^m,80$ au-dessous du recépage de l'enceinte extérieure, c'est-à-dire jusqu'à la cote $5^m,89$.

De cette façon, l'intervalle laissé entre l'ancienne pile et l'enceinte extérieure était complétement rempli d'un massif imperméable, reposant sur l'ancien enrochement.

Le béton fabriqué sur la berge dans une bétonnière en tôle, dans l'intérieur de laquelle se croisaient en tous sens des tiges de fer, était apporté au moyen de brouettes, sur un plancher volant disposé sur les caissons des piles.

Arrivé sur ce plancher, il était immédiatement chargé dans une caisse en tôle demi-cylindrique, et cette caisse descendue à fond était ouverte sous l'eau au moyen de crochets que des hommes placés sur le plancher manœuvraient avec des cordages.

Le béton a été coulé en décembre 1873 et janvier 1874. On en immergeait en moyenne 30 mètres cubes par jour.

Enceinte intérieure. — Le béton coulé jusqu'à la hauteur fixée, c'est-à-dire jusqu'à la cote $5^m,89$, on a posé l'enceinte intérieure qui devait reposer sur ce massif.

Cette enceinte, qui avait exactement la forme de l'ancien caisson (pl. A, fig. 1 et 2), était terminée à l'amont et à l'aval par un demi-hexagone, et se composait, pour chaque pile, de 28 poteaux de $3^m,40$ de hauteur et de $\frac{20}{20}$ d'équarrissage, espacés de $1^m,40$ en moyenne, et reliés à leur partie supérieure par un cours de doubles moises de même équarrissage.

Des madriers étaient cloués horizontalement sur les poteaux.

L'enceinte intérieure avait $6^m,40$ de largeur et 15 mètres de longueur : de sorte que, sur les côtés des piles, le batardeau avait $1^m,30$ de largeur, et $1^m,50$ à l'amont et à l'aval.

L'écartement des deux enceintes était maintenu par des étrésillons de $\frac{22}{22}$, boulonnés sur les moises supérieures de chacune d'elles.

Béton. — Afin d'empêcher l'infiltration de l'eau au-dessous de l'enceinte intérieure, on coula du béton entre les deux enceintes et entre l'enceinte intérieure et l'ancien caisson, jusqu'au niveau du dessous des moises intermédiaires, c'est-à-dire jusqu'à la cote 6ᵐ,39, hauteur à laquelle devait être recépé le caisson définitif : de cette façon le pied de l'enceinte intérieure se trouvait noyé dans un massif imperméable.

Terre des batardeaux. — L'intervalle entre les deux enceintes, au-dessus du béton dont nous venons de parler, a été rempli de terre fortement pilonnée.

Ces différents travaux ont été terminés, pour la pile n° 3, le 22 janvier 1874; pour la pile n° 2, le 10 février; pour la pile n° 1, le 24 février.

Épuisements. Enlèvement des assises au-dessous de l'eau. — Le batardeau une fois établi à chaque pile, restait à faire les épuisements nécessaires pour enlever les assises et les décombres qui pouvaient se trouver au-dessous du niveau des eaux jusqu'au grillage.

Pile n° 3. — On s'est servi pour cela, et à chaque pile, d'une pompe système Farcot[1]; on a pu ainsi, à la pile n° 3, abaisser le niveau de l'eau jusqu'au-dessous du grillage, dont la cote est 5ᵐ,45, c'est-à-dire à 2ᵐ,15 au-dessous du niveau atteint par les eaux de la Seine pendant le travail.

Toutes les assises ont été enlevées jusqu'au grillage, sauf les avant et arrière-becs du sous-socle, du socle et de la première assise, toutes ces pierres étant restées intactes et aucune fissure n'ayant été remarquée. Les assises d'avant et d'arrière-becs avaient seulement été écartées parallèlement par l'explosion de la mine, d'environ 0ᵐ,14; on enleva les décombres et les pierres endommagées, et on reconnut que le plancher en

---

1. Ces pompes, établies sur un bateau, étaient composées de deux corps de 0ᵐ,60ᶜ de diamètre et de 0,200 de course; elles faisaient 65 révolutions par minute, en épuisant 400 mètres cubes à l'heure, à la profondeur moyenne de 2 mètres; la locomobile qui actionnait ces pompes, au moyen d'une courroie, était d'une force moyenne de 10 chevaux; le tuyau d'aspiration avait 0ᵐ,28ᶜ de diamètre et celui de refoulement 0ᵐ,40ᶜ; un réservoir d'air était installé sur le tuyau d'aspiration et sur le tuyau de refoulement.

chêne ($5^m,455$) qui supporte la pile, et le caisson en même matière qui entoure la fondation n'avaient subi aucune avarie : ils étaient aussi intacts que le jour où ils avaient été posés.

Ce travail de démolition a duré du 22 au 30 janvier 1874.

Pile n° 2. — A cette pile, une seule pompe n'a pu suffire pour abaisser le niveau de l'eau jusqu'au grillage ($5^m,389$) ; il a été nécessaire d'employer deux pompes Farcot.

Le plancher, le caisson, ainsi que le socle et la première assise, étant intacts, ont été conservés en entier.

La démolition au-dessous de l'eau s'est effectuée du 9 au 18 février.

Pile n° 1. — Deux pompes ont également servi à l'épuisement de l'eau dans cette pile : le plancher ($5^m,35$), le caisson étant intacts ainsi que le libage et le socle, qui n'avaient aucune fissure, on les a conservés ; les avant et arrière-becs de la première assise, étant en parfait état, ont également été conservés.

Le travail a duré, dans cette pile, du 26 février au 3 mars.

CHAPITRE II

Reconstruction.

§ 1er. — Reconstruction au-dessous de l'eau.

Nous venons de dire que les fondations des piles avaient été reconnues intactes : on pouvait donc reprendre immédiatement la reconstruction de ces piles ; on se mit à l'œuvre en réemployant la plupart des anciennes pierres, sauf dans la pile n° 3, dont une grande partie des assises au-dessous de l'eau avaient souffert. Les maçonneries des quatre premières assises, c'est-à-dire jusqu'au niveau ordinaire de l'eau, ont été faites avec le mortier de chaux et ciment employé pour le béton, afin de hâter la prise de ces maçonneries (1 mètre de sable, $0^m,50$ de chaux et $0^m,10$ de ciment de Boulogne).

Le travail de reconstruction au-dessous de l'eau a été effectué : dans la pile n° 3, du 30 janvier au 7 février; dans la pile n° 2, du 18 au 24 février; dans la pile n° 1, du 3 au 7 mars.

C'est à ces différentes époques qu'ont également cessé les épuisements dans les caissons.

§ 2. — Reconstruction au-dessus de l'eau.

1° MAÇONNERIES.

Réparation des culées. — Les deux culées avaient subi des avaries par suite de la chute de la partie métallique : les sommiers sur lesquels s'appuient les arcs et les cordons avaient été brisés.

Le travail de réparation fut long et difficile, à cause des grandes dimensions des pierres à enlever et à replacer et de l'obligation de ne pas démolir les assises voisines de pierre de taille et de moëllon piqué, qui étaient intactes.

2

La restauration de ces deux culées s'effectua simultanément et dura du 18 octobre au 1er décembre 1873.

Les pierres qui ont servi à la réparation de ces culées provenaient, soit des piles, soit des culées elles-mêmes ; elles étaient choisies parmi celles qui ne pouvaient être réemployées aux endroits d'où elles sortaient, et durent subir une retaille complète.

La maçonnerie était faite avec du mortier de chaux hydraulique de Bougival et du sable de Seine (1 mètre de sable et 0m,50 de chaux).

Le derrière des sommiers a été soigneusement rempli avec une maçonnerie de moëllon ordinaire et de mortier de ciment et sable, formé de 0m,50 de ciment de Boulogne et de 0m,80 de sable.

Piles. — La reconstruction des piles au-dessus de l'eau s'est effectuée immédiatement après l'achèvement des assises inférieures.

Les maçonneries ont été faites avec du mortier de chaux hydraulique et de sable de Seine, le même que celui qui avait été employé aux culées ; le mortier de ciment et sable n'a servi que dans la maçonnerie de remplissage derrière les sommiers qui devaient recevoir les retombées des arcs.

Comme nous l'avons dit en commençant, les piles ont été reconstruites semblables aux anciennes ; les vieilles pierres ont été réemployées partout ou il a été possible de le faire : la pile n° 3 seule est entièrement neuve.

Description d'une pile. — Le corps des piles (Pl. A, fig. 1 et 2) a une hauteur totale de 5m,410 dans la pile n° 3, du grillage au couronnement, 5m,470 dans la pile n° 2, 5m,51 dans la pile n° 1, et est monté avec un fruit de 0,05 ; à la partie supérieure, il a 11m,70 de longueur et 3 mètres de largeur.

Il se compose de 10 assises de 0m,50 de hauteur et d'un socle dont la hauteur varie dans chaque pile, de façon que les naissances soient parfaitement de niveau : car il faut se rappeler que les planchers du grillage avaient été placés, dans le travail primitif, à des hauteurs un peu différentes (écart maximum 0m,10).

Dans la pile n° 3 seule, il y a deux socles et seulement neuf assises.

Les avant et arrière-becs sont en pierre de Tessancourt, et les parements droits sont en moëllon piqué de Vernon.

Le corps de la pile est surmonté d'un couronnement de 0ᵐ,61 de hauteur en pierre de Tessancourt; cette assise a 12ᵐ,20 de longueur et 3ᵐ,50 de largeur.

Les avant et arrière-becs sont surmontés par des demi-cônes, et au-dessus de cette assise de couronnement reposent les sommiers taillés suivant le rayon des arcs et fortement contre-butés par des entre-sommiers également en pierre de Tessancourt.

Les parements entre les sommiers sont formés d'assises de moellon piqué, dont l'inclinaison est parallèle à ceux-ci; la partie supérieure des sommiers est à 1ᵐ,45 au-dessus du couronnement. Au-dessus de ces assises s'élève un massif de maçonnerie de 8ᵐ,70 de longueur, sur 2 mètres de largeur et 2ᵐ,28 de hauteur. Les parements de face sont en pierre de Tessancourt, et les parements de côté en moellon piqué, avec une chaîne en pierre de Tessancourt, au-dessus des sommiers supportant l'arc intermédiaire.

Le remplissage des piles est en moellon brut de Vernon.

C'est jusqu'à ce niveau (15ᵐ,20) que furent successivement montées les trois piles, avant de recevoir la partie métallique.

La partie de la pile n° 3, au-dessus de l'eau, a été construite du 7 février au 5 mars, puis du 9 avril au 29.

Celle de la pile n° 2, du 24 février au 11 avril.

Enfin celle de la pile n° 1, du 7 mars au 4 avril.

Description des cintres. — Dès que les maçonneries furent achevées, les cintres pour le montage des fontes ont été établis.

Les deux premières travées du côté de Saint-Pierre furent seules cintrées, leurs fermes devant servir successivement aux deux autres arches; les pieux furent seuls battus dans toutes les travées.

Le cintre d'une arche se compose de quatre palées reposant chacune sur cinq pieux ; les palées, près des piles, reposent sur l'enceinte extérieure du batardeau; le pieu de la passerelle qui supporte l'arbalétrier de celle-ci forme le cinquième pieu de chaque palée.

Elles sont espacées de 8 mètres d'axe en axe; les trois pieux intermédiaires, d'une palée de 4ᵐ,54; les deux extrêmes sont à 3ᵐ,40 des pieux intermédiaires. Ces pieux ont $\frac{28}{28}$ d'équarissage ; ceux d'une même palée sont reliés par un cours de moises de $\frac{25}{12}$. Sur ces moises s'appuient, par l'intermédiaire de cales de 0^m,42, trois poteaux de $\frac{20}{20}$; ces poteaux sont reliés à leur partie inférieure par un cours de moises de $\frac{25}{12}$; les extrêmes sont maintenus par des arbalétriers de $\frac{20}{20}$, qui s'appuient sur les pieux extrêmes et qui sont reliés aux poteaux par deux cours de moises de $\frac{25}{12}$.

Le poteau du milieu est maintenu par deux contre-fiches de $\frac{20}{20}$, qui vont de la base des poteaux extrêmes à la tête du poteau intermédiaire.

Sur chacun de ces poteaux sont assemblées des pièces de $\frac{25}{25}$, qui dessinent le contour polygonal inscrit dans la courbe formée par les arcs. L'écartement de ces pièces est maintenu par des pièces transversales de $\frac{25}{25}$; au niveau du contour polygonal existe un plancher de madriers soutenus au milieu de leur portée par des pièces de $\frac{8}{25}$ posées sur les moises transversales supérieures et parallèles aux arcs.

A 7^m,29 au-dessus du recépage des pieux des palées, sur la tête des poteaux extrêmes, repose une longrine de $\frac{25}{25}$. L'écartement en est maintenu par des pièces de $\frac{20}{20}$. Ces longrines, espacées de 9^m,08 d'axe en axe, sont destinées à recevoir les rails de la grue devant servir au montage des fontes. Sur les arbalétriers, de chaque côté, sont fixés en encorbellement, au moyen de petites contre-fiches, des trottoirs de 1^m,25 pour la manœuvre de la grue.

Les palées sont reliées entre elles, à leur base, par trois cours de moises de $\frac{25}{12}$. Sur chaque poteau extrême, sont assemblés deux étages de contre-fiches de $\frac{20}{20}$, qui supportent, au moyen de sous-poutres de même équarrissage, les unes, les pièces qui forment le contour polygonal; les autres, les longrines. Ces contre-fiches sont maintenues par des moises $\frac{18}{9}$; chaque poteau intermédiaire ne supporte qu'un étage de contre-fiches : celles qui soutiennent le contour polygonal de l'arc intermédiaire.

Le niveau des trottoirs des cintres est à la cote 16^m,26, c'est-à-dire à 4^m,66 au-dessus du niveau des retombées des arcs (11^m,60).

Le cube total des bois de sapin employés pour le cintre d'une travée de 30 mètres d'ouverture est approximativement de 100 mètres, pieux compris.

Les cintres, dans les deux premières travées, ont été établis du 15 mars au 30 avril.

2° PARTIE MÉTALLIQUE.

Provenance et composition de la fonte. — Les fontes du pont ont été fabriquées aux fonderies d'Alais (Gard).

Elles sont formées d'un mélange de 50 pour 100 de minerai d'Alais, et de 50 pour 100 de minerai de Mokta-el-Hadid, près d'Oran (Algérie).

Essai des fontes. — Des épreuves ont été faites, les 20 et 21 février 1874, aux usines d'Alais, lors de la réception provisoire des fontes, en présence de MM. Bonnin, agent-voyer en chef du département de l'Eure; Jumel, représentant de la maison G. Martin, et Poisson, directeur de la fonderie. Elles ont donné des résultats satisfaisants au point de vue de la résistance.

Divers barreaux de 0^m,45 de longueur et 0,081^2 de section ont été éprouvés à la flexion, avec l'appareil de Monge; ils se sont cassés en moyenne sous une charge de 810 kilogrammes, placée dans le plateau de la balance : ce qui représente un effort de 25^k,91 par millimètre carré de section, résultat conforme aux prescriptions du cahier des charges, qui exigeait une résistance de 26 kilogrammes.

Des barreaux de 0^m,20 de longueur et de 0,04^2 de section ont été éprouvés au choc; ils ne se sont cassés que lorsque le boulet de 12 kilogrammes est tombé d'une hauteur de 0^m,45, et même de 0^m,50 : le cahier des charges n'exigeait qu'une hauteur de 0^m,40.

Des barreaux d'une autre coulée ont été éprouvés le 20 mars : à l'épreuve à la flexion ils n'ont pu être cassés avec une surcharge de 770 kilogrammes, et malgré les chocs violents imprimés au réservoir; à l'épreuve au choc, ils ne se sont cassés que lorsque la hauteur de chute du boulet a été de 0^m,50 et 0^m,55.

Ces essais prouvaient donc que les fontes remplissaient complétement les conditions requises par le cahier des charges.

Description sommaire de la partie métallique. — Le pont se compose de quatre arches métalliques semblables, de 30 mètres d'ouverture.

Chaque travée est formée (Pl. A, fig. 1, 2 et 3; Pl. B, fig. 2, 3 et 4) par trois arcs de 0^m,80 de hauteur, surbaissés au dixième; ils sont pleins et extradossés parallèlement.

La section des arcs de rive a la forme d'un $\mathbf{I}$ de 0^m,80 de hauteur; les semelles ont 0^m,20 de largeur, l'âme 0^m,019 d'épaisseur et les semelles de 0^m,027 à 0^m,025.

L'arc intermédiaire a la même forme, et sa hauteur est la même, c'est-à-dire 0^m,80; mais les autres dimensions sont plus fortes : les semelles ont 0^m,28 de largeur et de 0^m,042 à 0^m,039 d'épaisseur, et l'âme a 0^m,032.

Les arcs, espacés de 3^m,922 d'axe en axe, se composent de sept voussoirs, qui reposent sur deux plaques de retombées, scellées au ciment de Boulogne pur dans les sommiers. Les plaques des arcs de rive ont 0^m,40; et celles de l'arc intermédiaire 0^m,74 de largeur et 1^m,20 de hauteur.

Les surfaces de contact des voussoirs ont été rabotées avec le plus grand soin à l'usine, de manière à obtenir une répartition très-uniforme de la pression dans les arcs.

Les trois arcs de chaque travée sont reliés par seize entretoises en fonte, dont huit entre l'arc d'aval et l'arc intermédiaire, et huit entre l'arc intermédiaire et l'arc d'amont. Elles sont placées tantôt à la partie supérieure, tantôt à la partie inférieure des arcs; ces entretoises ont 3^m,89 de longueur et leur section a la forme d'un $\mathbf{I}$.

La semelle a 0^m,22 de largeur et 0^m,02 d'épaisseur; l'âme a aussi 0^m,02 d'épaisseur; quant à la hauteur de l'entretoise, elle est variable : au milieu de la portée elle est de 0^m,22; et aux extrémités, de 0^m,13; chacune des entretoises est terminée par deux boîtes s'assemblant avec deux autres boîtes semblables, venues de fonte avec les voussoirs; elles sont serrées au moyen de cales en fer, et le joint est rempli avec un mastic composé de limaille de fer, de soufre et de sel ammoniac. Ce même mastic sert du reste à remplir tous les autres joints du pont.

Les arcs sont surmontés de tympans évidés, et les tympans de rive sont couronnés par une corniche, dont les moulures sont semblables aux corniches en pierre des piles et culées.

Les tympans sont entretoisés à leur partie supérieure, au moyen de poutrelles en fer, qui supportent en même temps les voûtes en briques et la chaussée.

Ces poutrelles, fabriquées aux usines de la Providence, à Hautmont (Nord), ont $0^m,30$ de hauteur, et leur section a la forme d'un $\mathbf{I}$; les semelles ont $0^m,125$ de largeur et de $0^m,03$ à $0^m,02$ d'épaisseur; l'âme a $0^m,015$.

A la clef elles ont $3^m,87$ de longueur, parce qu'alors elles s'assemblent avec l'arc de rive et l'arc intermédiaire; partout ailleurs elles ont $7^m,79$ et reposent en leur milieu sur le tympan intermédiaire. Elles s'appuient à leurs extrémités sur une saillie venue de fonte avec l'arc, et sont serrées au même point et à leur partie supérieure par une cale en fer; en outre, elles sont reliées au moyen de boulons à une plaque venue de fonte avec le voussoir sur lequel elles reposent.

Les poutrelles de $7^m,79$ sont fixées en leur milieu sur le tympan intermédiaire, au moyen de deux saillies venues de fonte avec le tympan et de deux crochets en fer boulonnés sur la semelle du tympan.

Toutes les poutrelles sont espacées d'axe en axe de $2^m,136$ en moyenne, et il y en a 15 par travée.

Le parapet est en fer, avec pilastres en fonte, espacés de $4^m,40$ d'axe en axe; au milieu de l'intervalle entre chaque pilastre se trouve un montant en fer; la main courante est à 1 mètre au-dessus de la corniche, et les panneaux sont formés de losanges entre-croisés : ce parapet a été fabriqué par la maison Rousselle de Paris.

Surflèche de montage. — Lorsqu'on monte un pont métallique en arc, il est nécessaire de tenir compte, dans le montage, de l'abaissement qui se produira à la clef par suite de la construction des voûtes de remplissage, de la chaussée et des trottoirs, en un mot, de tout ce qui compose la charge permanente, et ensuite de tenir compte également du nouvel abaissement temporaire qui se produira sous l'effet de la surcharge, soit morte, soit roulante. Ces abaissements comptés, il faut encore qu'il reste une surflèche, qui, pour une ouverture de 30 mètres, comme à Andé, peut être de 30 à 40 millimètres.

Afin de connaître cette surflèche totale nécessaire, on a dû se servir des formules de Bresse (*Traité de mécanique appliquée*), en les appliquant successivement aux deux cas : 1° charge permanente; 2° surcharge de 400 kilogrammes par mètre carré.

La formule de Bresse est celle-ci :

$$\Delta f = \tfrac{8}{2}\frac{p\,\rho^2}{e}.$$

Or, dans le premier cas, nous avons : surcharge permanente totale, moins le poids de la fonte = 224,000 kilogrammes.

Ce qui fait par mètre courant $\dfrac{224,000}{30} = 7466^k,6$, ou par arc de rive $\dfrac{7466^k,6}{4} = 1867$ kil.

$$\rho = 42,178.$$
$$e = F\omega = 6\,000\,000\,000 \times 0.024\,612.$$

L'abaissement à la clef est alors égal à :

$$\Delta f = \tfrac{3}{2}\frac{1867 \times \overline{42,178}^2}{6\,000\,000\,000 \times 0.024612} = 0.0337.$$

Dans le second cas, c'est-à-dire celui relatif à la surcharge de 400 kilogrammes par mètre carré, nous obtenons, au moyen de la même formule, pour abaissement à la clef, et en supposant la surcharge de 105 tonnes par arche, ce qui fait par mètre courant d'arc de rive :

$$\frac{105\,000}{4 \times 30} = 875 \text{ kil.}$$

$$\Delta f = \tfrac{3}{2}\frac{875 \times \overline{42,178}^2}{6\,000\,000\,000 \times 0.024\,612} = 0.046.$$

L'abaissement total à la clef sera donc finalement de 0,0497, qui, ajoutés aux 33 millimètres de surflèche permanente, après les épreuves, donnera la surflèche totale du pont au montage :

$$0.0337 + 0.016 + 0.033 = 0^m,0827 :$$

c'est effectivement avec cette surflèche de $0^m,083$ qu'a été fait le montage des quatre arches du pont d'Andé.

Il était intéressant de s'assurer, par expérience, de l'exactitude de ces calculs et de vérifier si ces abaissements à la clef se reproduiraient exactement comme le calcul les indiquait : c'est ce qu'on a essayé de constater au moyen de nivellements répétés et faits avec toute la précision que comportent les bons instruments. On a donc fait une série d'opérations de nivellement sur chacun des arcs, aussitôt le montage terminé et avant le commencement des maçonneries des petites voûtes; puis on a refait cette même série d'opérations, lorsque la chaussée a été entièrement terminée et cylindrée. La différence entre les deux opérations donnait évidemment l'abaissement à la clef, produit par la charge permanente.

Mais il fallait tenir compte d'une chose importante. Sous l'influence variable de la température, les arcs métalliques s'allongent ou se raccourcissent, et il en résulte une variation dans la dimension de la flèche : il était donc nécessaire, afin d'obtenir une comparaison exacte, de ramener toutes les opérations à la même température, que nous avons cru devoir prendre, pour le cas qui nous concerne, de $+$ 10°, parce qu'elle se trouvait être, à peu de chose près, la moyenne des températures que nous avions observées.

Il s'agissait donc de ramener ces flèches, observées à des températures variables, à celles qu'elles devaient avoir à $+$ 10° : pour cela nous nous sommes servi de la formule de M. Bresse :

$$\Delta f = 1{,}56\, \tau \rho,$$

dans laquelle $\rho = 42.178$ est le rayon de la flèche moyenne,

et $\tau = 0{,}0000\,111$, le coefficient de dilatation de la fonte :

cette formule nous a donné l'augmentation ou la diminution de la flèche par degré centigrade, et nous a permis de calculer exactement les flèches pour la température de $+$ 10°.

On a pu ainsi obtenir, comme résultat, un abaissement à la clef de 34 millimètres par suite de l'établissement des voûtes, de la chaussée et de tout ce qui constitue la charge permanente. Le chiffre donné par le calcul est de $33^{mm},7$: on voit donc combien les résultats sont concordants.

Avant de terminer, il est bon d'ajouter qu'on a eu l'occasion de vérifier, par expérience, la formule de M. Bresse dont nous venons de nous servir et qui donne les variations de flèche par degré centigrade. Pour cela, on a observé un grand nombre de flèches, en ayant soin de prendre en même temps la température de la fonte, et on a pu calculer de combien cette flèche variait par degré : le résultat obtenu nous a donné 0.000 828, tandis que la formule de M. Bresse nous donnait 0.0008149.

On voit donc que, comme dans le cas précédent, les résultats de l'expérience concordent très-approximativement avec ceux donnés par la théorie.

Nous parlerons dans un des paragraphes suivants des résultats obtenus pendant les épreuves.

Comparaison du nouveau pont avec l'ancien. — En comparant le nouveau pont avec l'ancien, on voit que :

1° Les arcs de rive sont pleins au lieu d'être évidés ; ce qui permet de répartir la pression dans ces arcs d'une façon beaucoup plus régulière.

2° Ces arcs sont extradossés parallèlement, tandis que dans l'ancien pont la hauteur variait de $1^m,20$ aux naissances, à $0^m,80$ à la clef.

Une hauteur des arcs aussi grande aux naissances avait le grave inconvénient d'augmenter, en longueur, la surface de contact des voussoirs avec les plaques de retombées.

En effet, la variation de température et les surcharges, en augmentant ou en diminuant la flèche des arcs, devaient amener des changements considérables dans le point de passage de la courbe des pressions, et par suite devaient produire, soit à l'intrados, soit à l'extrados des arcs, des efforts de compression trop considérables dans la fonte ; au lieu d'augmenter cette hauteur des arcs aux naissances, mieux vaudrait-il, peut-être, la réduire presque à un simple axe de rotation : c'est un problème déjà résolu pour les arcs en fer, et qu'il s'agit aujourd'hui d'appliquer à la fonte.

3° Les entretoises en fonte qui relient les arcs sont en plus petit nombre que dans l'ancien pont, et à chaque joint de voussoirs l'entretoise est simple au lieu d'être double. L'entretoise double avait l'inconvénient de se casser, lorsqu'un joint venait à s'ouvrir sous l'influence des variations de température.

4° Les voûtes en briques sont supportées par des poutrelles en fer qui relient en même temps les tympans, tandis que dans l'ancien pont ces poutrelles étaient en fonte. Ces poutrelles, reposant sur deux ou trois appuis et soumises à des efforts d'extension, il était rationnel de substituer le fer à la fonte, puisque ce métal résiste beaucoup mieux à l'extension que la fonte.

5° Le parapet est différent de l'ancien, par raison de légèreté et d'élégance.

Montage des fontes. — Les travées en fonte ont été montées au moyen d'une grue roulante à chariot mobile, circulant sur les cintres en bois.

Les fontes devant servir aux deux premières arches, du côté de Saint-Pierre, et qui devaient être montées les premières, sont arrivées sur le chantier le 12 juillet : la première arche était montée du 14 au 29 ; la seconde, du 26 juillet au 2 août.

Les deux premières arches étant terminées, on devait, comme nous l'avons expliqué plus haut, reporter les cintres de ces deux premières arches dans les autres travées du côté d'Andé, où les pieux qui devaient les supporter avaient été battus d'avance ; ce travail fut exécuté du 2 au 22 août.

On monta ensuite les fontes de la troisième arche du 20 août au 4 septembre, et celles de la quatrième arche du 1er au 11 septembre. C'était donc une moyenne de dix jours qu'il fallait pour monter et ajuster toutes les fontes d'une arche.

3° MAÇONNERIE SUR LES ARCS.

Voûtes en briques de la chaussée. — Les voûtes en briques de la chaussée sont supportées par les poutrelles en fer (Pl. A, fig. 1 et 2) ; elles s'appuient sur la semelle inférieure de ces poutrelles et ont $2^m,0114$ d'ouverture moyenne de $0^m,25$ de flèche. Elles sont formées par un rouleau de briques de $0^m,15$ d'épaisseur, et de $6^m,35$ de longueur dans le sens transversal du pont.

Dans chacune des quatrièmes voûtes de remplissage, à partir des culées et de chaque côté des piles, on a réservé aux deux extrémites des vides pour les gargouilles en fonte destinées à l'écoulement de l'eau des caniveaux.

Voûtes en briques des trottoirs. — Les voûtes qui supportent les trottoirs s'appuient sur la semelle supérieure des poutrelles en fer ; elles ont $2^m,0114$ d'ouverture moyenne et $0^m,205$ de flèche, et sont formées par un rouleau de briques de $0^m,11$ d'épaisseur et de $0^m,835$ de longueur, sauf à la clef, où la longueur n'est plus que de $0^m,647$, à cause de la semelle supérieure de l'arc.

A la tête des voûtes de trottoir, du côté de la chaussée, l'intervalle compris entre l'extrados des voûtes de la chaussée et l'intrados des voûtes de trottoirs est rempli par une maçonnerie de briques de $0^m,11$ d'épaisseur.

La maçonnerie de briques de voûtes est faite avec un mortier composé de $0^m,50$ de ciment de Boulogne pour $0^m,80$ de sable.

Corbeaux des piles et culées. — Aux piles et aux culées, les poutrelles en fer sont distantes de $0^m,35$ des murs de celles-ci. Dans l'ancien pont, cet intervalle avait été rempli par une portion de voûte en briques semblables à celles supportant la chaussée ; mais on remarqua que, par suite de la dilatation, ces portions de voûtes, exposées à des mouvements continuels, finissaient par s'ouvrir et tomber. Pour remédier à cet inconvénient, on a remplacé dans la nouvelle construction ces portions de voûtes par des corbeaux en pierre, reposant d'un côté sur la pile ou la culée et de l'autre sur la semelle inférieure des poutrelles, et ces corbeaux ont été taillés dans les pierres inutilisées de l'ancien pont.

Ces corbeaux une fois posés, on acheva complétement la maçonnerie de remplissage des piles, et la pose des corniches et des parapets en pierre de Lérouville.

Béton sur les voûtes de la chaussée. — Les reins des voûtes de la chaussée ont été remplis de béton maigre, composé de $0^m,85$ de caillou, pour $0^m,50$ de mortier de chaux, formé lui-même de $0^m,50$ de chaux hydraulique de Bougival pour un mètre de sable.

Ce béton était disposé de façon à faciliter l'écoulement des eaux d'infiltration vers les tuyaux de drainage placés dans les petites voûtes de remplissage.

Chape, sable sur la chape et chaussée. — Les voûtes de la chaussée et le béton maigre qui en remplissait les reins furent ensuite recouverts d'une chape de $0^m,03$ d'épaisseur, composée d'égales parties de sable et de ciment ; puis, sur un massif de maçonnerie de moëllon, distant de $1^m,32$ de l'axe des pilastres du garde-corps, on posa les bordures de trottoirs en granit d'Alençon.

Une couche de sable de $0^m,04$ d'épaisseur fut alors étendue sur toute la surface entre les bordures de trottoirs ; puis on fit la chaussée, dont l'épaisseur est de $0^m,30$ sur l'axe du pont.

Les caniveaux sont formés de trois rangs de pavés de 0,15, provenant des carrières de May, près Caen.

Béton sur les voûtes des trottoirs. — Mortier et asphalte. — Les voûtes de trottoirs ont été recouvertes de béton maigre, bien pilonné jusqu'à trois centimètres au-dessous du niveau du trottoir; sur ce béton on a étendu une couche de mortier de chaux de $0^m,015$, et sur celle-ci une couche d'asphalte de même épaisseur.

Ces différents travaux ont été exécutés du 14 septembre au 18 octobre, et à cette époque le pont était complétement achevé; il ne restait plus à faire que les accès qui ont été exécutés après les épreuves.

CHAPITRE III

Calcul des efforts dans les différentes parties du pont.

§ 1er. — Calcul des arcs.

Arcs de rive. — Les arcs de rive ont les dimensions suivantes (ces dimensions se rapportent à la fibre moyenne) (Pl. B, fig. 1) :

$$\text{Corde } 2a = 30,433$$
$$\text{Flèche } f = 2,844$$
$$\text{Angle } \varphi \ (1/2 \text{ angle au centre}) = 21°8'50'' = 21°,147$$
$$\text{Rayon } \rho = 42,178.$$

La section des arcs a la forme d'un $\mathbf{I}$ (Pl. B, fig. 2) ; la hauteur totale est de 800 millimètres ; l'âme a 748 millimètres de hauteur et 19 millimètres d'épaisseur ; les semelles ont 200 millimètres de largeur et 26 millimètres d'épaisseur moyenne.

Le moment d'inertie est alors :

$$I = \tfrac{1}{12} \ (200 \times 800^3 - 181 \times 748^3)$$
$$I = \qquad 2220822704.$$

La surface de la section est égale à $\omega = 24\,612$ millimètres.

Le poids p, uniformément réparti par mètre courant, suivant l'horizontale, est égal à 3 366 kilogrammes, et se décompose ainsi :

	Poids de la fonte.		75,000 kil.
	Voûtes en briques et chape.		69,500
Chaussée **et trottoirs.**	Chaussée.	99,742k	
	Cailloutis sur les trottoirs. . .	30,225	
	Bordures.	12,322	
	Pavés des caniveaux.	12,090	
		154,379k soit.	154,500
	Total. . .		299,000
	Surcharge à 400 kil. par mètre carré. . . .		105,000
	Poids total.		404,000 kil.

Le poids par mètre courant est alors égal à :

$$p = \frac{404,000^k}{30} = 13466^k.$$

Or, l'arc intermédiaire supporte la moitié de cette charge, c'est-à-dire 6,733 kil. : il reste donc pour chaque arc de rive une charge de 3,366 kil., puisque chaque arc de rive supporte la moitié de ce qui porte sur l'arc intermédiaire.

Effort à la clef. — La valeur de l'effort à la clef est donné par la formule suivante, trouvée par M. Bresse et modifiée par M Albaret :

$$q = \frac{p\,\rho}{\omega}\left[\left(\frac{b}{4}-1\right) - \left(\frac{b}{2}-1\right)2\,n\,\sin\varphi + 1 + \frac{b}{4}\cos\varphi\right.$$

$$\left.(4n\,\sin\varphi - \cos\varphi)\right], \qquad (1)$$

dans laquelle :

$$p = 3366^k$$
$$\rho = 42.178$$
$$\omega = 0.024612$$
$$\varphi = 21°\,8'\,50'',$$

$$b = \frac{2\,\rho\,u_1}{r^2}\begin{cases} u_1 = \dfrac{h}{2} = 0.40 \\[2mm] r^2 = \dfrac{I}{\omega} = \dfrac{2220822704}{24612} = 90.233. \end{cases}$$

$$b = \frac{2 \times 42.178 \times 0.40}{90.233} = 0.37394$$

$$\frac{b}{4} = 0.093485$$

$$\frac{b}{4} - 1 = -0.906515$$

$$\frac{b}{2} = 0.18697$$

$$\frac{b}{2} - 1 = -0.81303$$

$$\text{Coefficient de poussée } n = F'' \varepsilon \quad \begin{cases} \varepsilon = \dfrac{1 - \dfrac{\lambda\, r^2}{a^2}}{1 + \dfrac{\lambda'\, r^2}{a^2}} \quad \begin{cases} \lambda = \left(\dfrac{\sin \varphi}{\dfrac{2\varphi}{\pi}}\right)^2 = \left(\dfrac{\sin 21° 8' 50''}{0.234}\right)^2 = 2.37694 \\[4mm] \lambda' = \dfrac{15}{8\, \mathrm{tg}^2\, \dfrac{\varphi}{2}} = \dfrac{15}{8\, \mathrm{tg}^2\, 10° 34' 25''} = 53.809 \\[4mm] \dfrac{r^2}{a^2} = \dfrac{90233}{231541872} = 0.0003892 \end{cases} \\[10mm] \varepsilon = \dfrac{1 - 2{,}37694 \times 0.0003892}{1 + 53{,}809 \times 0.0003892} = 0.97858, \end{cases}$$

$$n = 1.339 \times 0.97858 = 1.3103.$$

F'' = 1.339 (cette valeur est donnée par les tables de M. Bresse).

Si l'on remplace dans la formule (1) les lettres par leurs valeurs numériques, il vient, pour la valeur de l'effort à la clef :

$$q = \frac{3366 \times 42.178}{0.024612} \left[- 0.906515 - (- 0.84303 \times 2 \times 1{,}3103 \times \right.$$
$$\sin 21° 8' 50'') + 1 + 0.093485 \times \cos 21° 8' 50''$$
$$\left. (4 \times 1.3103 \sin 21° 8' 50'' - \cos 21° 8' 50'') \right].$$

$$q = \frac{3366 \times 42.178 \times 0.9457}{0\,024612} = 5^{\mathrm{k}},455 \text{ par millimètre carré de section.}$$

Effort aux naissances. — La valeur de l'effort aux naissances est donnée par la formule suivante :

$$q = \frac{p\,\rho}{\omega} \left[- \left(\frac{b}{4} + 1\right)\cos^2 \varphi + \left(\frac{b}{2} + 1\right) 2n \sin \varphi \cos \varphi + 1 \right.$$
$$\left. - \frac{b}{4} \cos \varphi \left(4n \sin \varphi - \cos \varphi\right) \right] \qquad (2)$$

dans laquelle :

$$p = 3366^{\mathrm{k}}$$
$$\rho = 42.178$$
$$\omega = 0.024612$$
$$b = 0.37394$$

$$\frac{b}{4} = 0.093485$$

$$\frac{b}{4} + 1 = 1.093485$$

$$\frac{b}{2} = 0.18697$$

$$\frac{b}{2} + 1 = 1.18697$$

$$\varphi = 21° 8' 50''$$

$$n = 1.3103$$

Si l'on remplace dans la formule (2) les lettres par leurs valeurs, il vient pour l'effort aux naissances :

$$q = \frac{3366 \times 42,178}{0.024612} [-1.093485 \cos^2 21°8'50'' + 1.18697 \times 2 \times 1.3103$$
$$\times \sin 21°8'50'' \times \cos 21°8'50'' + 1 - 0.093485$$
$$\times \cos 21°8'50'' \times (4 \times 1.3103 \times \sin 21°8'50''$$
$$- \cos 21°8'50'')],$$

$$q = \frac{3366 \times 42.178 \times 1.0119}{0.024612} = 5^k.84 \text{ par millimètre carré de section.}$$

Le travail des arcs de rive, aux naissances et à la clef, est donc inférieur à la limite pratique adoptée, qui est de 6 kil. par millimètre carré de section.

Arc intermédiaire. — L'arc intermédiaire a les dimensions suivantes : (Ces dimensions se rapportent à la fibre moyenne) (Pl. B, fig. 1).

$$\text{Corde } 2a = 30.433$$
$$\text{Flèche } f = 2.841$$
$$\text{Angle } \varphi \text{ (} \tfrac{1}{2} \text{ angle au centre)} = 21°8'50'' = 21°,147$$
$$\text{Rayon } \rho = 42.178.$$

La section des arcs intermédiaires a la forme d'un ⊥ (Pl. B, fig. 3); la hauteur totale est de 800 millimètres et l'âme a 719 millimètres, de hauteur sur 32 millimètres d'épaisseur; les semelles ont 280 millimètres de largeur et 40 millim.5 d'épaisseur moyenne.

Le mouvement d'inertie est alors :

$$I = \tfrac{1}{12}\,(280 \times 800^3 - 248 \times 719^3),$$
$$I = 4264969833.$$

La surface de la section est égale à :

$$\omega = 45688 \text{ millimètres carrés.}$$

Le poids $p = 6733$ kilogrammes.

Effort à la clef. — La valeur de cet effort est donnée par la formule (1), dans laquelle :

$$p = 6733^{k}$$
$$p = 42.178$$
$$\omega = 0.045688$$
$$\varphi = 21°\,8'\,50''$$

$$b = \frac{2\,p\,u_1}{r^2} \left\{ \begin{array}{l} u_1 = \dfrac{h}{2} = 0.40 \\[2ex] r^2 = \dfrac{I}{\omega} = \dfrac{4264969833}{45688} = 93{,}350, \end{array} \right.$$

$$b = \frac{2 \times 42.178 \times 0.40}{93.350} = 0{,}36146.$$

$$\frac{b}{4} = 0.09037$$

$$\frac{b}{4} - 1 = -\,0.90963$$

$$\frac{b}{2} = 0.18074$$

$$\frac{b}{2} - 1 = -\,0.81926$$

$$F'' = 1.339 \text{ (cette valeur est donnée par les tables de M. Bresse).}$$

$$\text{Coefficient de poussée} \quad n = F''\,6 \left\{ 6 = \frac{1 - \lambda\,\dfrac{r^2}{a^2}}{1 + \lambda'\,\dfrac{r^2}{a^2}} \left\{ \begin{array}{l} \lambda = \left(\dfrac{\sin\varphi}{\dfrac{2\varphi}{\pi}}\right)^2 = \left(\dfrac{\sin 21°\,8'\,50''}{0.234}\right)^2 = 2{,}37694 \\[3ex] \lambda' = \dfrac{15}{8\,\mathrm{tg}^2\,\dfrac{\varphi}{2}} = \dfrac{15}{8\,\mathrm{tg}^2\,10°\,34'\,25''} = 53{,}809 \\[3ex] \dfrac{r^2}{a^2} = \dfrac{93350}{231541872} = 0.00040316 \end{array} \right. \right.$$

$$6 = \frac{1 - 2.37694 \times 0.00040316}{1 + 53{,}809 \times 0.00040316} = 0{,}97783$$

$$n = 1.339 \times 0.97783 = 1.3093.$$

Si l'on remplace dans la formule (1) les lettres par leurs valeurs numériques, il vient :

$$q = \frac{6733 \times 42.178}{0.045688} [-0.90963 - (-0.81926 \times 2 \times 1.3093 \sin 21°8'50'')$$
$$+ 1 + 0.09037 \cos 21°8'50'' \times (4 \times 1,3093$$
$$\times \sin 21°8'50'' - \cos 21°8'50'')]$$

$$q = \frac{6733 \times 42.178 \times 0.944963}{0.045688} = 5^k.873 \text{ par millimètre carré de section.}$$

Effort aux naissances. — La valeur de cet effort est donnée par la formule (2) dans laquelle :

$$p \quad = 6733^k$$
$$\rho \quad = 42.178$$
$$\omega \quad = 0.045688$$
$$b \quad = 0.36146$$
$$\frac{b}{4} \quad = 0.09037$$
$$\frac{b}{4} + 1 = 1.09037$$
$$\frac{b}{2} \quad = 0.18074$$
$$\frac{b}{2} + 1 = 1.18074$$
$$\varphi \quad = 21°8'50''$$
$$n \quad = 1.3093.$$

Si l'on remplace dans la formule (2) les lettres par leurs valeurs numériques, il vient :

$$q = \frac{6733 \times 42.178}{0.045688} [-1.09037 \times \cos^2 21°8'50'' + 1.18074 \times 2 \times 1.3093$$
$$\times \sin 21°8'50'' \times \cos 21°8'50'' + 1 - 0,09037$$
$$\times \cos 21°8'50'' \times (4 \times 1.3093 \times \sin 21°8'50''$$
$$- \cos 21°8'50'')]$$

$$q = \frac{6733 \times 42.178 \times 1.01123}{0.045688} = 6^k,285.$$

Les arcs intermédiaires travaillent donc dans de bonnes conditions, l'effort auquel ils sont soumis étant voisin de la limite pratique adoptée.

Méthode simplifiée pour le calcul des efforts. — Si l'on applique aux calculs des efforts la formule simple, résultant de l'hypothèse que la fibre moyenne se confond avec un arc de parabole, on voit que les résultats auxquels elle conduit diffèrent peu des précédents.

Arcs de rive.

Effort à la clef. — La formule résultant de cette hypothèse et donnant la poussée à la clef est celle-ci :

$$Q = \frac{pa^2}{2f} = \frac{3366 \times 15.216^2}{2 \times 2,844} = 137175 \text{ kil.}$$

La pression q par unité de surface est alors égale à :

$$q = \frac{Q}{\omega} = \frac{137175}{0.024612} = 5^k,573 \text{ par millimètre carré de section.}$$

Effort aux naissances. — Cet effort est donné par la formule :

$$Q = \frac{pa^2}{2f \cos\varphi} = \frac{3366 \times 15,216^2}{2 \times 2.844 \times \cos 21° 8' 50''} = 147079 \text{ kil.}$$

La pression q par unité de surface est alors égale à :

$$q = \frac{Q}{\omega} = \frac{147079}{0.024612} = 5^k,975 \text{ par millimètre carré de section.}$$

Arc intermédiaire.

Effort à la clef. — L'effort à la clef est égal à :

$$Q = \frac{pa^2}{2f} = \frac{6733 \times 15.216^2}{2 \times 2.844} = 274351 \text{ kil.}$$

La pression par unité de surface est égale à :

$$q = \frac{Q}{\omega} = \frac{274351}{0.045688} = 6^k,004 \text{ par millimètre carré.}$$

Effort aux naissances. — Cet effort est égal à :

$$Q = \frac{p\,a^2}{2\,f\cos\varphi} = \frac{6733 \times 15,246^2}{2 \times 2,841 \times \cos 21°\,8'\,50''} = 294160 \text{ kil.}$$

La pression par unité de surface est égale à :

$$q = \frac{Q}{\omega} = \frac{294160}{0.045688} = 6^k,438 \text{ par millimètre carré.}$$

§ 2. — Calcul des poutrelles en fer qui supportent la chaussée.

Ces poutrelles sont de deux espèces : les premières ont $3^m.87$, et les secondes $7^m.79$ de longueur en moyenne; leur section a la forme d'un I (Pl. B, fig. 4), de $0^m.30$ de hauteur; l'âme a $0^m.25$ de hauteur et $0^m.045$ d'épaisseur; les semelles ont $0^m.125$ de largeur et $0^m.025$ d'épaisseur moyenne.

Le moment d'inertie de la section est alors égal à :

$$I = \tfrac{1}{12} (0.125 \times 0,300^3 - 0.110 \times 0.250^3) = 0.00013802.$$

1° *Poutrelles de $3^m.87$ de longueur.* — D'après ce qui a été dit plus haut, ces poutrelles peuvent être considérées comme encastrées à leurs extrémités; et, comme la cale supérieure et l'extrémité de la saillie inférieure sont distantes de $0^m.17$ environ, l'encastrement se trouve au milieu de cet intervalle, c'est-à-dire à $0^m.085$ de l'extrémité de la poutrelle.

Par suite de cet encastrement, la portée de la poutrelle est réduite à :

$$2\,a = 3.87 - (2 \times 0,085) = 3.70.$$

On va donc calculer la charge et la surcharge que supportent ces poutrelles.

Charge permanente. — Le poids permanent, par mètre courant de poutrelle, s'obtient ainsi :

Voûtes en briques et chape.	69,500 kil.
Chaussée et trottoirs..	154,500
Total.	224,000 kil.

Ce poids produit, par mètre courant de poutrelle, une charge de :

$$p = \frac{224000 \times 2.136}{2 \times 31 \times 3.70} = 2085, \text{ soit } 2,100 \text{ kil.}$$

Surcharge de 400 kilogrammes par mètre carré. — La surcharge de 400 kilogrammes par mètre carré produit, par mètre courant de poutrelle, un poids de $2.136 \times 400 = 854^k,4$, soit 860 kilogrammes.

Le poids total est donc égal à $2.100^k + 860 = 2.960$ kilogrammes.

Valeurs des moments fléchissants et des efforts en différents points. — La valeur du moment fléchissant, en un point quelconque, en prenant le milieu de la poutre pour origine, est donnée par la formule :

$$M = \frac{1}{6}\, p\, (a^2 - 3\,x^2).$$

Pour $x = o$, c'est-à-dire au milieu de la portée :

$$M = \frac{1}{6}\, p\, a^2 = \frac{2.960^k \times 1.85^2}{6} = 1.688 \text{ kilogrammètres.}$$

Pour $x = a$, c'est-à-dire aux points d'encastrement :

$$M \text{ (en valeur absolue)} = \frac{1}{3}\, p\, a^2 = \frac{2.960 \times 1.85^2}{3} = 3.376 \text{ kilogrammètres.}$$

Le moment d'inertie de la poutrelle étant :

$$I = 0.00013802 \text{ et la demi-hauteur, } v = 0.15,$$

l'effort au milieu de la portée est égal à :

$$R = \frac{Mv}{I} = \frac{1688 \times 0.15}{0.00013802} = 1^k,83 \text{ par millimètre carré.}$$

Aux points d'encastrement, il est égal à :

$$R = \frac{3376 \times 0.15}{0.00013802} = 3^k,66 \text{ par millimètre carré.}$$

Surcharge produite par une voiture de 11,000 kilogrammes. — Si l'on considère la surcharge produite par le passage d'une voiture de 11,000 kilog., on voit d'après la disposition du pont que cette voiture peut porter sur le milieu d'une poutrelle.

On va donc calculer les valeurs des moments fléchissants et des efforts en différents points, en supposant cette surcharge $2P = 11,000$ kilog., concentrée au milieu de la portée.

Cette valeur du moment fléchissant en un point quelconque, en prenant le milieu pour origine, est donnée par la formule :

$$M = \frac{P}{2}\, (a - 2x) + \frac{1}{6}\, p\, (a^2 - 3x^2).$$

Pour $x = a$, c'est-à-dire au milieu de la portée :

$$M = \frac{P a}{2} + \frac{1}{6} p a^2 = \frac{5500 \times 1.85}{2} + \frac{2100 \times 1.85^2}{6},$$

$$M = 6284, \text{ soit } 6280^{km}.$$

Pour $x = a$, c'est-à-dire aux points d'encastrement :

$$M \text{ (en valeur absolue)} = \frac{P a}{2} + \frac{1}{3} p a^2 = \frac{5500 \times 1.85}{2} +$$

$$\frac{2100 \times 1.85^2}{3} = 7480^{km}.$$

L'effort au milieu est dès lors égal à :

$$R = \frac{M v}{I} = \frac{6280 \times 0.15}{0.00013802} = 6^k,82 \text{ par millimètre carré.}$$

Aux points d'encastrement il est égal à :

$$R = \frac{7480 \times 0.15}{0.00013802} = 8^k,12 \text{ par millimètre carré.}$$

$2°$ *Poutrelles de* $7^m.79$ — Les poutrelles de $7^m.79$ sont encastrées à leurs extrémités sur les arcs de rive comme celles de $3^m.87$; en outre, les crochets, les saillies, venues de fonte sur l'arc intermédiaire où elles reposent, et la charge qui pèse sur elles en cet endroit constituent un véritable encastrement au milieu de leur portée.

Ces divers encastrements réduisent donc la portée de chaque moitié de la poutrelle à $\dfrac{7.79 - (0.28 + 0.17)}{2} = 3.67$, valeur égale à peu près à la portée des petites poutrelles.

On peut donc assimiler les deux tronçons des grandes poutrelles aux petites et leur appliquer les résultats trouvés plus haut pour ces dernières.

§ 3. — Stabilité des maçonneries.

Piles. — Il convient de remarquer que les arcs de rive sont également distants de l'arc intermédiaire, et que, par conséquent, la force qui représente la poussée d'une arche entière est située, comme le poids de celle-ci, dans le plan vertical passant par son centre de gravité.

Nous allons examiner la stabilité des piles dans les deux cas les plus importants : 1° lorsque les deux arches voisines sont également surchargées ; et 2° lorsque l'une est surchargée et que l'autre ne l'est pas.

1° Les deux arches sont également surchargées. — Effort dans le sous-socle. — L'assise considérée supporte les poids égaux de deux demi-arches ou le poids d'une arche entière, c'est-à-dire 404 tonnes (Pl. B, fig. 5), et en outre le poids de la pile, qui est de 731 tonnes : ce qui fait un poids total de 1135 tonnes.

Ce poids se répartit uniformément dans cette assise, dont la surface est de 51.92, et y produit une pression de :

$$R = \frac{P}{\Omega} = \frac{1135000}{51.92} = 2^k,18 \text{ par centimètre carré.}$$

Effort sur les pieux. — Le poids qui pèse sur les pieux est de 1147 tonnes, et produit sur chaque pieu une charge de $\frac{1147000}{51} = 22,490$ kilog.; or les pieux ont $\frac{30}{30}$ d'équarrissage, et la pression est alors :

$$R = \frac{22490}{0.09} = 25 \text{ kilog. par centimètre carré.}$$

2° Les arches sont inégalement chargées. — Effort dans le sous-socle. — On suppose la travée de droite (Pl. B, fig. 6) surchargée, et la travée de gauche non surchargée. La demi-travée non surchargée pèse

$$\frac{404-105}{2} = 149^t.5, \text{ soit 150 tonnes.}$$

Dans la demi-travée surchargée, au poids de 150^t de cette demi-travée s'ajoute le poids $\frac{105^t}{2} = 52^t.5$, soit 52^t de surcharge.

Les poids de 150 tonnes passent au centre de gravité de chaque demi-travée, et sont distants de $17^m.80$: ils sont donc situés à $8^m.90$ de l'axe de la pile.

Dans la demi-travée de droite surchargée, le poids de 52 tonnes passe à $8^m.75$ de l'axe de la pile, c'est-à-dire à 0.15 du centre de gravité de la demi-travée : la résultante de ces deux forces est égale à $150 + 52^t = 202^t,$

et passe à une distance x du centre de gravité du poids de 150^t ; cette distance est donnée par l'équation suivante :

$$150 \, x = 52 \, (0.15 - x),$$

d'où
$$x = 0.038.$$

La résultante 202^t passe donc à 8.862 de l'axe de la pile. Les deux forces 150^t et 202^t, distantes alors de 17.762, ont une résultante égale à 352^t, dont la position est donnée par l'équation suivante :

$$150 \, x = 202 \, (17.762 - x),$$

d'où
$$x = 10.193.$$

La résultante 352 tonnes passe donc à $10,193 - 8.90 = 1,293$, à droite de l'axe de la pile.

Le poids de la pile au-dessus du sous-socle est de 731^t, et ce poids passe par le centre de gravité de la pile.

La résultante de ce poids de maçonnerie et du poids 352 tonnes est de 1083 tonnes, et passe à une distance x de l'axe, donnée par l'équation suivante :

$$731 \, x = 352 \, (1.293 - x),$$

d'où
$$x = 0.42.$$

Or la poussée produite par la surcharge et qui est de :

$$Q = n \times 2 \, pa = 1.31 \times 8 \times 400 \times 30.433 = 127^t.6, \text{ soit } 128 \text{ tonnes,}$$

éloigne la force 1083 tonnes de son point d'application, d'une quantité donnée par la proportion suivante :

$$\frac{1083^t}{128^t} = \frac{9.44}{x},$$

d'où
$$x = \frac{128 \times 9.44}{1083} = 1.115.$$

L'effort 1083 tonnes est donc reporté à $1.115 - 0.42 = 0.695$ à gauche de l'axe de la pile.

Cet effort se répartit dans le sous-socle, conformément à la formule suivante (voir Collignon, *Traité de mécanique appliquée*) :

$$R = \frac{P}{\Omega} \left(1 + \frac{3 \, p \, x}{a^2} \right),$$

dans laquelle :

$$P = 1083^t$$

$$\Omega = 51.92$$

$$p = 0.695$$

$$a = \frac{4.30}{2} = 2.15.$$

Pour $x = a$, c'est-à-dire sur l'arête de gauche, la plus chargée.

$$R = \frac{1083000}{51.92}\left(\frac{1 + 3 \times 0.695}{2.15}\right) = 4^k,107 \text{ par centimètre carré.}$$

Pour $x = -a$, c'est-à-dire sur l'arête de droite, la moins pressée :

$$R = \frac{1083000}{51.92}\left(\frac{1 - 3 \times 0.695}{2.15}\right) = 0^k,06 \text{ par centimètre carré.}$$

Pour $x = o$, c'est-à-dire au milieu du joint, la pression est de :

$$R = \frac{1083000}{51.92} = 2.08 \text{ par centimètre carré.}$$

La pile sous la surcharge travaille donc dans les meilleures conditions, puisque l'effort passe sensiblement aux deux tiers du joint, et que, par suite, la pression est presque nulle sur l'arête située du côté de l'arche surchargée ; cet effort est, du reste, au-dessous des limites admises pour la résistance des maçonneries du côté de l'arête la plus chargée.

Effort sur la file de pieux la plus chargée. — L'effort qui agit sur l'arête la plus chargée dans le sous-socle, et qui est de 41,071 kilog. par unité de longueur, est sensiblement égal à celui qui agit sur la dernière file longitudinale de pieux ; or cette file a 9m.88 de longueur : l'effort est donc de $41,071 \times 9.88 = 405,781$ kilog. ; ce qui produit par pieu un effort de :

$$\frac{405,781}{9} = 45,086 \text{ kilog.,}$$

et par centimètre carré une pression de :

$$\frac{45086^k}{0.09} = 50 \text{ kilog.}$$

Coefficient de stabilité. — Le coefficient de stabilité de la pile (Pl. B, fig. 6) sous la surcharge est de :

$$m = \frac{R\,d}{P\,h},$$

dans laquelle :

$$R = 1083^t$$
$$d = 1{,}455$$
$$P = 128^t$$
$$h = 9.44.$$

Dès lors :

$$m = \frac{1083^t \times 1.455}{128 \times 9.44} = 1{,}34.$$

Culées. — **Coefficient de stabilité sous la surcharge de 400 kilogrammes.** — Les culées sont formées d'un massif de maçonnerie de $9^m.44$ de largeur (Pl. B, fig. 7), et de $2^m.55$ d'épaisseur ; derrière chaque arc de rive existe un contrefort de 4.95×1.62, et derrière l'arc intermédiaire un contrefort de 4.95×2.50.

Le poids d'une culée est de 1166 tonnes, et cette force passe à 4.185 de l'arête postérieure du socle.

Le poids de la demi-travée, y compris la surcharge, est de 202 tonnes ; et ce poids, composé avec le poids de la culée (Pl. B, fig. 8), donne une résultante de 1368 tonnes, appliquée à une distance x du centre de gravité de la culée.

Cette distance est déterminée par l'équation :

$$1166\,x = 202\,(10.452 - x),$$

d'où

$$x = 1{,}544.$$

Le coefficient de stabilité de la culée est donné par la formule :

$$m = \frac{R\,d}{P\,h},$$

dans laquelle :

$$R = 1166 + 202 = 1368^t$$
$$d = 4.185 + 1.544 = 5.729$$
$$P = Q = n \times 2\,pa = 1.31 \times 404^t = 530^t$$
$$h = 9.91.$$

Dès lors :

$$m = \frac{1368 \times 5.729}{530 \times 9.91} = 1.49.$$

Coefficient de stabilité sans la surcharge. — Dans la recherche du coefficient précédent, on a considéré le cas le plus défavorable, c'est-à-dire la surcharge d'épreuve de 400 kilogrammes par mètre carré ; or les charges les plus fortes que le pont puisse jamais avoir à supporter sont loin d'être aussi considérables : il convient donc de rechercher le coefficient de stabilité quand il n'y a pas de surcharge.

Dans ce cas, la demi-travée pèse 150 tonnes ; le point d'application de cette force est distant du poids 1166 tonnes de la culée de 10.49, et la résultante 1316 tonnes de ces deux forces passe à 1.195 du centre de gravité de la culée, comme l'indique la formule :

$$x = \frac{150^t \times 10.49}{1166^t + 150^t} = 1.195.$$

Elle passe donc à $5^m.38$ de l'arête postérieure du socle ; et, la poussée étant égale à :

$$Q = 1.31 \times 300^t = 393^t ;$$

on obtient pour coefficient de stabilité :

$$m = \frac{1316^t \times 5.38}{393^t \times 9.91} = 1.81.$$

CHAPITRE IV

Épreuves du pont.

Le pont d'Andé a été soumis à toutes les épreuves prescrites par la circulaire du Ministre des travaux publics, du 15 juin 1869.

Épreuves par poids mort. — La charge uniformément répartie de 400 kilogrammes par mètre carré, a été réalisée au moyen de sable étendu sur la chaussée et les trottoirs.

1re *Epreuve*. — Les 2 et 3 novembre, les deux premières arches (côté de Saint-Pierre) ont été couvertes de sable jusqu'à la hauteur fixée, et chacune de ces travées avait alors à supporter un poids de :

$$400 \times 31 \times 8 = 99{,}200 \text{ kilogrammes.}$$

2e *Epreuve*. — Les 4 et 5 novembre, les troisième et quatrième arches ont été couvertes de la même quantité de sable, la charge étant restée sur les deux premières ; le pont était alors chargé de :

$$4 \times 99{,}200 \text{ kilog.} = 396{,}800 \text{ kilogrammes.}$$

3e *Epreuve*. — Le 6 novembre, la charge des deux premières arches a été enlevée, de sorte que les seules travées surchargées étaient les arches nos 3 et 4.

4e *Épreuve*. — Le 7 novembre, les troisième et quatrième arches ont été déchargées à l'aval, sur la moitié de la largeur du pont, et cette charge a été transportée à l'amont, sur les arches nos 1 et 2, sur la moitié de la largeur du pont : de cette manière, les arcs intermédiaires et les arcs de rive d'amont étaient seuls chargés d'un poids de 198,400 kilogrammes.

5e *Épreuve*. — Le 8 novembre, toute cette charge a été portée à l'aval, sur la moitié de la chaussée et sur toute la longueur du pont, les arcs intermédiaires et les arcs de rive d'aval supportaient seuls cette surcharge.

Dans chaque épreuve, la charge est restée sur le pont, douze heures au moins, et pendant toutes ces opérations aucun mouvement ne s'est produit, ni dans les fontes, ni dans les maçonneries.

Les flexions ont été observées avec le plus grand soin, et sont consignés dans le tableau suivant.

On n'a considéré que les trois premières épreuves, les seules réellement importantes.

DÉSIGNATION DES ARCHES.	Niveau moyen des arches à + 10° avant les épreuves.	Niveau moyen des arches à + 10° pendant les épreuves.			Mouvements des arches sous la surcharge.			OBSERVATIONS
		1re épreuve.	2e épreuve.	3e épreuve.	1re épreuve.	2e épreuve.	3e épreuve.	
Arche n° 1.	15.680	15.671	15.665	15.675	— 0.009	— 0.015	— 0.005	Le signe — indique la flexion; le signe + le relèvement. Abaissement du niveau moyen du pont : 0.018.
— n° 2.	15.706	15.692	15.692	15.700	— 0.014	— 0.014	— 0.006	
— n° 3.	15.703	15.704	15.695	15.687	+ 0.001	— 0.008	— 0.016	
— n° 4.	15.684	15.686	15.679	15.673	+ 0.002	— 0.005	— 0.011	

Les flexions et les relèvements ont été calculés comme les surflèches.

On a comparé la moyenne d'un grand nombre de nivellements faits après l'achèvement du pont, et ramenés à + 10°, avec la moyenne des nivellements faits pendant chaque épreuve et ramenés à la même température; la différence entre ces opérations a donné les flexions.

Les résultats obtenus concordent bien, d'ailleurs, avec ceux donnés par la formule théorique; ainsi la surcharge de 400 kilogrammes par mètre carré produit, d'après la formule :

$$- \Delta f = \tfrac{3}{2} \frac{p\,\rho^2}{e},$$

sur un arc de rive, un abaissement de :

$$\Delta f = \tfrac{3}{2}\, \frac{875 \times 42{,}178^2}{147672000} = 0.016.$$

En comparant ce chiffre avec les flexions 0.009 et 0.014 des deux premières arches (1re épreuve), 0.015 et 0.014 des mêmes arches (2e épreuve), 0.016 et 0.011 des deux dernières arches (3e épreuve), qui sont les seules où à la flexion ne s'ajoutent pas des relèvements produits par la charge des autres arches, on voit que la flexion 0.016, fournie par la formule théorique est sensiblement la même que celles qui ont été observées et dont la moyenne est 0.013.

Épreuve par charge roulante. — Le 10 décembre a eu lieu l'épreuve par charge roulante. Une voiture chargée de rails et pesant 11,000 kilogrammes a passé deux fois sur le pont; les flexions observées directement, au moyen de fils de fer tendus à l'amont et à l'aval de chaque arche, le long du parapet, ont été sensiblement les mêmes dans toutes les arches : elles ont été en moyenne de 0.004.

Résultat des observations par arches.

NUMÉROS DES ARCHES.	AMONT.	AVAL.	OBSERVATIONS.
1re arche............	0.0060 0.0050	0.0035 0.0040	» »
2e arche............	0.0040 0.0040	0.0030 0.0040	» »
3e arche............	0.0045 0.0040	0.0050 0.0050	» »
4e arche............	0.0035 0.0030	0.0040 0.0045	» »

CHAPITRE V

Dépenses.

Les dépenses de démolition et de reconstruction du pont se sont élevées à la somme de 428,616 fr. 58 c.

Cette somme se décompose ainsi qu'il suit :

Démolition.

DÉSIGNATION DES OUVRAGES.	PILE N° 1.	PILE N° 2.	PILE N° 3.	CULÉE rive gauche.	CULÉE rive droite.	Superstructure du pont.	TOTAUX par nature d'ouvrages.
Démolition au-dessus de l'eau. Enlèvement des assises.........	1.600.42	1.674.85	210.92	»	»	»	3.486.19
Démolition au-dessous de l'eau. Dragage de l'enrochement......	9.183.36	9.183.36	9.192.33	»	»	»	27.559.05
Armature de la passerelle.......	606.93	302.80	699.30	»	»	»	1.609.03
Enceinte extérieure { Bois......	14.183.93	14.308.77	13.158.70	»	»	»	41.651.40
{ Fers......	1.166.85	1.301.60	1.210.40	»	»	»	3.678.85 [1]
Enrochements...............	6.033.58	7.145.50	2.231.80	»	»	»	15.410.88
Enceinte intérieure. { Bois......	2.557.59	2.708.21	2.865.90	»	»	»	8.131.70
{ Fers......	244.55	244.55	244.50	»	»	»	733.60 [2]
Béton de toute nature..........	22.720.27	26.279.98	21.637.69	»	»	»	70.637.94
Terre dans les batardeaux......	399.87	464.97	531.80	»	»	»	1.396.64
Épuisements...............	3.470. »	4.870. »	3.455. »	»	»	»	11.795. » [3]
Enlèvement des assises au-dessous de l'eau.................	437.68	1.161 57	945.58	»	»	»	2.544.83
A reporter......	62.605.03	69.646.16	56.383.92	»	»	»	188.635.11

OBSERVATIONS. — 1. Total pour l'enceinte extérieure : 45.330.25. — 2. Total pour l'enceinte intérieure : 8.865.30. — 3. Cet article s'applique aussi aux épuisements pendant la reconstruction.

DÉSIGNATION DES OUVRAGES.	PILE n° 1.	PILE n° 2.	PILE n° 3.	CULÉE rive gauche.	CULÉE rive droite.	Superstructure du pont.	TOTAUX par nature d'ouvrages.
Report......	62.605.03	69.646.16	53.383.92	»	»	»	188.635.11
Reconstruction.							
Reconstruction au-dessous de l'eau.	2.114.16	2.502.97	3.182.90	»	»	»	7.800.03
Reconstruction des piles au-dessus de l'eau.	6.965.20	8.606.74	14.507.61	»	»	»	30.079.55
Réparation des culées. Démolition....	»	»	»	266.87	366.21	»	633.08
Réparation des culées. Reconstruction..	»	»	»	1.173.06	1.540.24	»	2.713.30
Cintres et partie métallique / Maçonnerie sur les arcs.	»	»	»	»	»	161.939 »	161.939 »[2]
Voûtes en briques pour la chaussée.	»	»	»	»	»	11.569.18	11.569.18
Voûtes en briques pour les trottoirs.	»	»	»	»	»	2.810.70	2.810.70
Achèvement des piles et des culées, corbeaux, etc..............	1.069.87	1.071.79	2.127.25	498.05	707.06	»	5.474.02
Béton sur les voûtes de la chaussée	»	»	»	»	»	948.52	948.52
Chape..................	»	»	»	»	»	3.289.04	3.289.04
Sable et chaussée.	»	»	»	»	»	1.497.85	1.497.85
Bordure de trottoirs.	»	»	»	»	»	1.702.65	1.702.65
Caniveaux..............	»	»	»	»	»	1.690.46	1.690.46
Béton sur les voûtes des trottoirs.	»	»	»	»	»	1.044.37	1.044.37
Mortier et asphalte.	»	»	»	»	»	2.285.17	2.285.17
Régie pour les batardeaux, épuisements, travaux divers........	1.293.66	1.443.46	1.304.21	231.60	231.60	»	4.504.53
Totaux.........	74.047.92	83.271.12	77.505.89	2.169.58	2.845.11	188.776.94	428.616.58

OBSERVATIONS. — 1. Total pour la restauration des deux culées : 5,014.69. — 2. Prix à forfait. — Total pour les voûtes : 14,379 fr. 88 centimes.

Le tableau précédent présente les dépenses par nature d'ouvrages et pour chaque partie du pont.

La longueur du pont, y compris les culées, est de 143^m.20.

Le prix par mètre superficiel est alors de :

$$\frac{428.616.58}{143.20 \times 8} = 374 \text{ francs.}$$

Personnel.

Les travaux ont été exécutés sous la direction immédiate de M. R. Bonnin, agent-voyer en chef du département de l'Eure; MM. Bontemps et Herpin Alfred, agents-voyers, détachés du service ordinaire, étaient chargés de la surveillance des travaux et résidaient à Saint-Pierre.

M. Georges Martin, ingénieur à Paris, était l'entrepreneur général des travaux, et avait comme ingénieur directeur M. Badois; son représentant sur les travaux était M. Belin, ingénieur civil.

Avant de terminer ce mémoire, déjà bien long, nous devons faire nos remerciements à M. Herpin Alfred, qui a bien voulu, pendant son séjour sur les travaux et au milieu d'une surveillance très-active, se charger de la mise en ordre de toutes les notes journalières, calculs et dessins relatifs à la notice que nous publions aujourd'hui : c'est lui qui a tenu, avec beaucoup de soin, le journal des travaux qui nous a été d'un si grand secours, et nous a permis de coordonner notre travail.

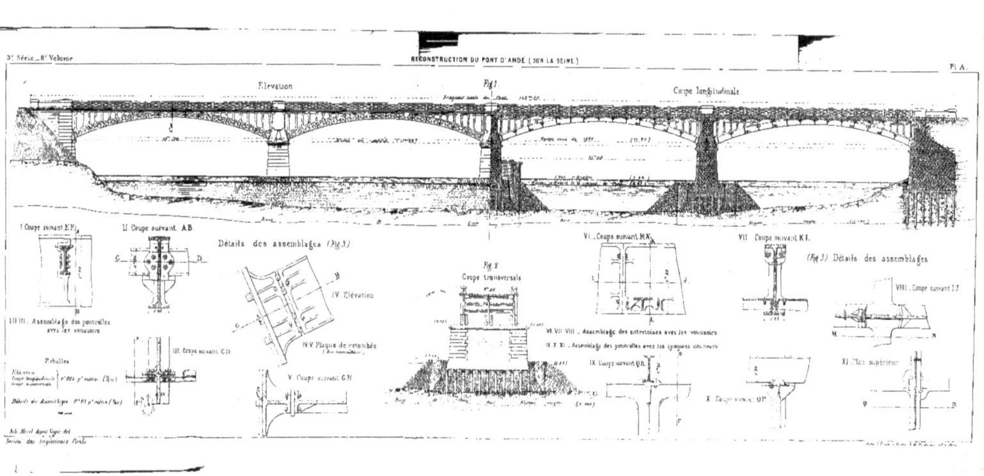
Elevation
Fig 1.
Coupe longitudinale
I. Coupe suivant E F.
II. Coupe suivant A B
III. III. Assemblage des poutrelles avec les voussoirs
Échelles
III. Coupe suivant C D
Détails des assemblages (Fig 3.)
IV. Elévation
IV.V. Plaque de retombée
V. Coupe suivant G H.
Fig 2
Coupe transversale
VI. Coupe suivant M N.
VII. Coupe suivant K I.
VI. VII. VIII. Assemblage des entretoises avec les voussoirs
IX. X. XI. Assemblage des poutrelles avec les tympans extérieurs
IX. Coupe suivant O R.
(Fig 3) Détails des assemblages
VIII. Coupe suivant I J
X. Coupe suivant O P.
XI. Plan supérieur

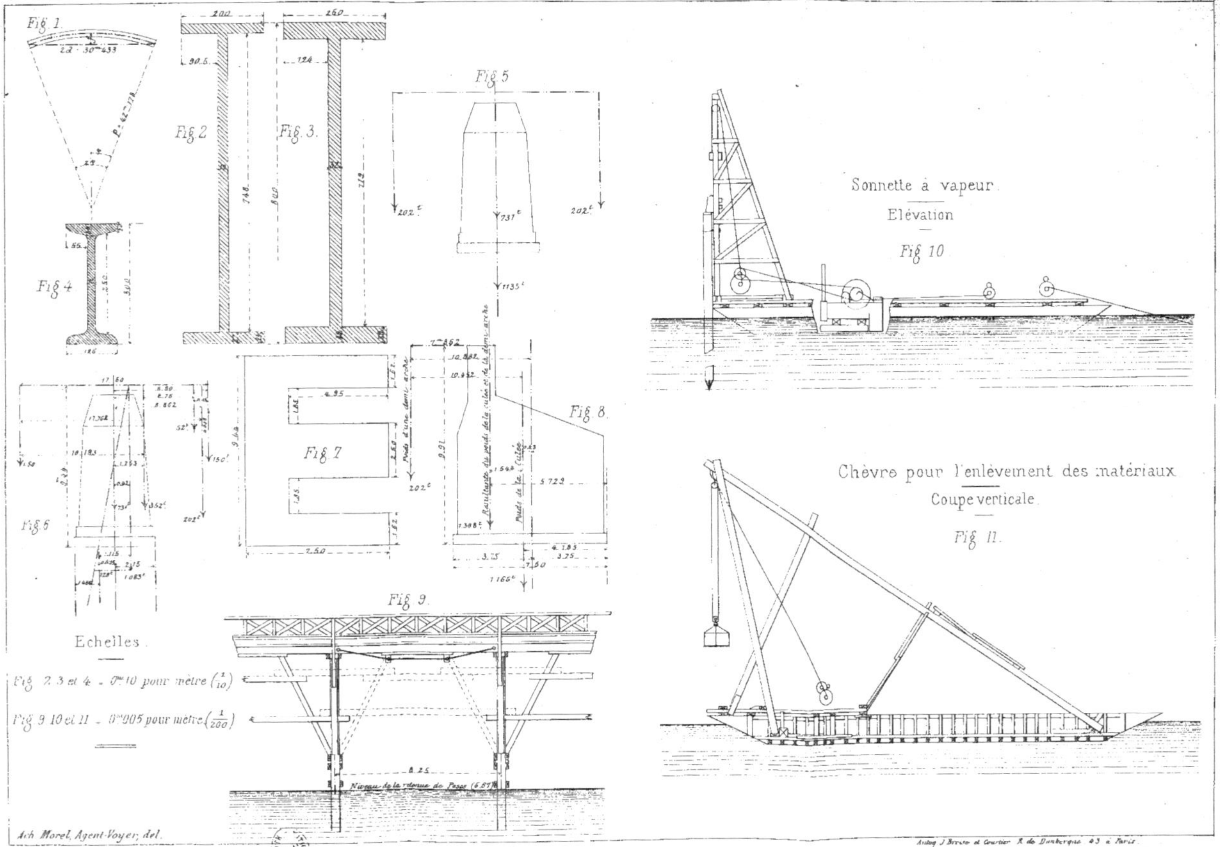
Fig. 1.
Fig. 2
Fig. 3.
Fig. 4
Fig. 5
Fig. 6
Fig. 7
Fig. 8.
Fig. 9.
Sonnette à vapeur.
Elévation
Fig. 10
Chèvre pour l'enlèvement des matériaux
Coupe verticale.
Fig. 11.
Echelles.
Fig. 2. 3 et 4 = 0m10 pour mètre (1/10)
Fig. 9 10 et 11 = 0m005 pour mètre (1/200)
Poids d'une demi-arche
Résultante du poids de la culée et de la demi-arche
Poids de la culée
Niveau de la retenue de Poses (6.57)

Ach. Morel, Agent-Voyer, del.

Société des Ingénieurs Civils.

Autog. J. Bresto et Courtier R. de Dunkerque 43 à Paris

TABLE DES MATIÈRES

Paris. — Imprimerie VIÉVILLE et CAPIOMONT, rue des Poitevins, 6.

www.ingramcontent.com/pod-product-compliance
Ingram Content Group UK Ltd.
Pitfield, Milton Keynes, MK11 3LW, UK
UKHW020043100726
13658UKWH00004B/1514